Réussir le recrutement des Pompiers de Paris

Par Vincent Guyard

ISBN : 9798578971266 – deuxième Édition

SUIVEZ MES AVENTURES AVEC LES POMPIERS DU MONDE SUR MA CHAINE YOUTUBE :

VINCENT FIRELIFE

Du même auteur :

L'INCENDIE DE MA VIE

par Vincent Guyard

Durant six ans, j'ai côtoyé des héros. J'ai combattu quelques gros feux, perdu un camarade, sauvé des vies et vu des gens mourir. J'ai été immergé en plein cœur de la détresse du tout Paris. Mais cette vie trépidante ne me suffisait pas, il m'en fallait plus. Toujours plus loin, toujours plus haut, telle est ma philosophie. Je voulais d'autres défis, mais tout a un prix. Dans ce livre, je vous emmène avec moi au marathon de New York, et vous me suivrez de mes ascensions du mont Blanc et du Kilimandjaro jusqu'à la Diagonale des fous de l'île la Réunion, en passant par mon aventure à Taïwan et le jour où j'ai failli mettre fin à ma vie. C'est une histoire un peu folle, pleine de doutes, de peur et de victoires. À travers ces lignes, je vous invite donc durant un instant à revivre mon parcours et à basculer avec moi dans le quotidien palpitant des Sapeurs-Pompiers de Paris. Bienvenue dans l'incendie de ma vie. Que tu sois Jeune Sapeur-Pompier, haut gradé ou lecteur curieux, sache que j'ai pensé ce livre comme un guide que tu es libre de t'approprier. J'y donne de nombreux conseils, afin que ceux qui le désirent puissent réaliser leur rêve de devenir pompier. Mais ce que je souhaite avant tout, c'est partager la passion d'une vie.

Table des matières

Bienvenue sur le chemin de la réussite ! -------------------- 06
Savoir où vous allez mettre les pieds ------------------------- 07

Partie 1 :
Bien comprendre le recrutement à la BSPP ------------ 11

Votre préparation pour le recrutement BSPP -------------- 17
Le recrutement au CSO -- 18
Les épreuves aux évaluations complémentaires ---------- 26
Mes notes pour le QCM -- 35
La lettre de motivation --- 43

Partie 2 :
Au boulot : Objectif BSPP ------------------------------------ 45

Préparation au Luc Léger --------------------------------------- 46
Préparation aux tractions max -------------------------------- 62
Mission 55 squats --- 72

Partie 3 :
Préparation physique pour les agréments ------------- 73

Encore une chose --- 77
Mes notes sur la BSPP -- 81

Quand le ciel
s'embrasera,
nous serons là !
VINCENT FIRELIFE

BIENVENUE SUR LE CHEMIN DE LA RÉUSSITE !

AVEC VINCENT FIRELIFE

Vous voulez vous engager à la prestigieuse Brigade de Sapeurs-Pompiers de Paris et je suis heureux de pouvoir vous aider dans votre parcours.

À travers ce petit manuscrit, je vais vous aider à réaliser votre rêve, un pas après l'autre !

Nous verrons, étape par étape tout le processus de recrutement : du retrait du dossier aux derniers jours du recrutement à la BSPP. Je vous aiderai à faire les bons choix dans votre préparation et nous verrons ensemble comment se distinguer des autres candidats.

Ce livre sera court, facile à lire et il va changer votre vie. Soyez-en certain ! 💪

Désormais, il va falloir travailler, et ce dès aujourd'hui pour mettre toutes les chances de votre côté pour réussir à intégrer la BSPP. Mais pour ça, je vais vous guider, ne vous en faites pas ! Le recrutement n'aura plus de secret pour vous.

Dans ce livre, vous aurez tout pour réussir. J'ai cependant quelques conseils à vous donner pour utiliser au mieux cet ouvrage. Dans un premier temps, je vous conseille de surligner les parties importantes selon vous afin de pouvoir revenir dessus rapidement. Ce livre est le votre et il y aura des parties que vous devrez remplir pour votre préparation donc n'hésitez pas à user de vos stylos.

Ensuite, faites-en sorte d'avoir ce livre près de vous dans tous les moments de votre préparation. Même sur votre table de nuit avant de vous coucher. De cette manière, vous ne perdrez pas de vu votre rêve… Et avoir son rêve en ligne de mire, c'est le meilleur moyen d'avancer vers lui et de ne pas se tromper de direction. Grace à ce livre, vous allez vous fixer des objectifs concrets qui vont devenir des habitudes dans votre quotidien. Ces habitudes seront la clé de votre succès. Et pour ça, il va falloir faire preuve de discipline !

Savoir où vous allez mettre les pieds :

La Brigade de Sapeurs-Pompiers de Paris est une institution militaire. Il faudra, avant de vouloir l'intégrer comprendre qu'elle est exigeante, qu'il faut un très bon niveau physique, un bon mental, que l'état d'esprit est différent des sapeurs-pompiers volontaires, que le rythme est intense de par le nombre de gardes ainsi que l'activité opérationnelle soutenue, que certaines interventions seront difficiles à supporter, qu'il faudra souvent prendre sur soi et que s'intégrer en compagnie d'incendie peut prendre plusieurs mois voire plusieurs années.

Soyons clair, je ne veux pas que vous soyez surpris une fois que vous êtes engagé : la BSPP c'est difficile. Du moins au début.

À l'inverse, sachez également que vous allez vivre la plus grande aventure de votre vie, que vous rencontrerez des gens d'exceptions, que vous allez vivre des choses incroyables, que vous vivrez des situations hors normes qui vous feront grandir dans tous les sens du terme.

Quoi qu'il arrive, l'expérience BSPP va bouleverser votre vie et votre vision du monde. Il va falloir avoir le cœur accroché et bien se préparer.

Si vous mettez en pratique ce que ce livre va vous apprendre, vous n'aurez pas de surprises et nous travaillerons également sur l'état d'esprit à avoir pour faire face à toutes circonstances. Mon objectif à travers ces lignes est que votre flamme ne s'éteigne jamais, malgré les intempéries que vous vous apprêtez à vivre.

Ce livre vous servira de guide pour bien vous préparer, pour ne rien lâcher et pour vous motiver dans votre préparation ! Soyez-en certain !

La BSPP, vous allez apprendre à l'aimer. Ça ne sera pas facile au début car son rythme est intense et vous risquez d'être déboussolé. Mais l'expérience et les souvenirs qu'elle va vous laisser forgeront votre esprit pour le restant de votre vie.

La BSPP, vous allez la détester, aussi. Et c'est normal. Il y aura des moments difficiles et des épreuves à surmonter. Un peu comme la vie. Mais soyez certains que l'aventure en vaut la peine... C'est les moments difficiles qui feront de vous quelqu'un de fort. Et si vous lisez ces pages c'est que vous êtes prêt à tenter cette aventure extraordinaire avec ces bon et ces mauvais cotées...

Pour ma part,

Je suis entré à la BSPP en janvier 2006, sans diplôme et sans permis de conduire (à l'époque c'était possible). J'ai fait un premier contrat de 5 ans et j'ai quitté l'institution en janvier 2011. Je suis devenu réserviste dans le premier groupement d'incendie. Les années ont passé et l'appel du "feu" a été plus forte que tout car après avoir réussi le concours de sapeurs-pompiers professionnels en 2013, je me suis réengagé à la BSPP en août 2014 après avoir refait le recrutement. J'ai terminé major de promotion, fait les sélections pour devenir caporal (que j'ai échoué) et, contre toute attente je suis parti en mars 2015 sans prévenir personne. Pour une histoire de cœur. Un acte que j'ai vite regretté les mois et les années suivantes...

👆 Ça c'est le bref résumé de mon passage à la BSPP. Si vous voulez en savoir plus sur mon parcours et les choix que j'ai fait, je vous invite à lire mon premier livre : L'incendie de ma vie – être pompier de Paris. Ce sont mes mémoires. Bien entendu ici, je vous partagerai un peu de mon expérience et beaucoup de ma passion pour vous aider à faire vos choix et à ne pas commettre certaines de mes erreurs. Mais dans mon précédent livre, vous comprendrez mieux mon parcours et mon état d'esprit. Vous apprendrez également beaucoup de chose sur la vie à la BSPP car je partage beaucoup d'interventions !

Avec ce livre vous allez tout connaitre sur le recrutement pour la BSPP, vous aurez également des astuces pour performer. N'ayez plus peur, car vous aurez tout en main pour réussir. Je vous le promets !

Dans cet ouvrage, je ferai beaucoup référence à "mes élèves". Mes élèves sont les personnes qui suivent ma formation : réussir le recrutement de la BSPP. Il s'agit de plusieurs heures de cours en ligne pour arriver prêt lors du recrutement. Cette formation donne accès à un groupe privé d'entraide, et mes élèves y partagent leurs expériences lors du recrutement à la BSPP ainsi que les différentes questions qu'ils ont pu avoir. Je fais beaucoup référence à eux, car ils me permettent de tenir ma formation à jour ainsi que ce livre qui sera mis à jour chaque année.

Je reviendrai plus en détail sur cette formation tout du long dans cet ouvrage. Mais sachez que vous pouvez rejoindre mes élèves à tout moment pour maximiser vos chances et que je serai là pour vous aider dans votre processus de recrutement ! Il suffit de scanner ce QR code :

13 novembre, 14:20 ·

Salut à tous.
J'ai effectué les Agréments techniques le 2 novembre.
J'incorpore le 5 janvier
Bonne journée à vous

10 · 11 commentaires · Vu par 106 personnes

29 septembre ·

Salut à tous j'ai réussi mes agt et normalement je rentre à Villeneuve le 3 novembre si le covid ne fou pas le bordel d'ici là. Voilà voilà

12 · 2 commentaires · Vu par 92 personnes

29 octobre ·

Salut à tous, j'ai passé les agréments techniques le 26 et 27 Octobre et j'ai le plaisir d'être incorporer pour Décembre
Y'a t'il d'autres gars ou filles qui incorporent en décembre ?

9 · 26 commentaires · Vu par 48 personnes

26 novembre, 11:00 ·

Bonjour à tous,

Ma conseillère CIRFA m'a appelé ce matin, j'ai le plaisir d'être intégré en janvier prochain sans passer les tests complémentaires.
Je vous remercie vous tous pour vos conseils et merci Vincent Guyard pour tout.

Bonne journée.

20

6 octobre ·

Salut à tous, j'ai reçu une bonne nouvelle de mon cirfa je suis sélectionné pour l'incorporation au mois de novembre Félicitations à ceux qui sont reçus également et merci à Vincent pour l'aide apporté

21 septembre ·

par 85 personnes

Salut à tous c'est bon je viens d'avoir mon conseiller CIRFA, je rentre le 3 novembre en formation à Villeneuve-Saint-Georges

14 · 1 commentaire · Vu par 90 personnes

PARTIE 1
BIEN COMPRENDRE LE RECRUTEMENT BSPP

(Pour devenir pompier de Paris, il faut avoir 18 et 25 ans, être de nationalité Française, ne pas avoir de casier judiciaire, avoir le permis de conduire et au minimum le brevet des collèges)

Le recrutement à la BSPP se déroule en 3 parties :

1. La prise de contact avec le CIRFA (Centre d'informations et de recrutement des forces armées) et le retrait du dossier.
2. Le retour du dossier assidument rempli et les sélections de l'armée de terre,
3. Les sélections de la BSPP (appelées également : les agréments ou les évaluations complémentaires)

La prise de contact avec le CIRFA et le retrait du dossier :

Quand vous irez au CIRFA de votre région, vous rencontrerez un recruteur de l'armée de terre. Ce recruteur sera votre référent. C'est lui qui répondra à toutes vos questions et qui s'occupera de votre dossier pour la BSPP. C'est lui/elle qui ouvrira/validera votre dossier et c'est lui/elle qui fera le suivi de votre recrutement. Vous serez amené à l'appeler si vous avez des questions et il/elle sera votre unique contact durant votre cursus de recrutement.

Faire bonne impression dès votre entrée au CIRFA.

Le recruteur au CIRFA est là, dans un premier temps pour répondre à toutes vos questions. Sa mission à lui est de vous recruter dans les rangs de l'armée. C'est son rôle. Sachez que certains poussent les portent du CIRFA sans savoir dans quel corps d'armée ils veulent appartenir. De votre côté, vous savez où vous voulez mettre les pieds et donc vous lui mâcherez le travail en lui disant que vous savez ce que vous êtes venu faire ici car il n'aura pas à travailler sur votre projet professionnel pour savoir quel est le meilleur corps d'armée pour vous. Il n'aura qu'à répondre à vos questions et étudier votre profil pour votre projet de recrutement à la BSPP.

Il va donc s'assurer que vous avez l'âge, le permis de conduire et les diplômes nécessaires pour ouvrir votre dossier.

Venir au CIRFA ne signifie pas ouvrir votre dossier pour le recrutement. C'est l'endroit parfait pour avoir les réponses à vos questions et donc, vous n'êtes pas obligé d'être prêt pour aller au CIRFA. Vous pouvez y aller, afin d'avoir une première approche sur le recrutement, poser vos éventuelles questions et retirer votre dossier.

Le processus de recrutement commencera le jour où vous viendrez déposer ce dossier rempli. Vous aurez donc le temps de le remplir chez vous, au calme en réunissant tous les documents demandés et vous viendrez le déposer quand tout sera prêt (vous compris).

Cependant, sachez qu'il faudra tout de même faire une bonne impression face au recruteur. C'est lui qui envoi votre dossier alors prenez très au sérieux votre rencontre avec lui/elle.

Son objectif est de vous recruter. Vous savez que vous voulez vous engager à la BSPP et vous avez le profil. Tout devrait bien se passer. Cependant, si vous faites une bonne impression, il pourra pousser (ou non) votre dossier. Sachez-le.

Faire une bonne impression à ce niveau-là c'est simple. Il suffit d'être habillé correctement, d'avoir un bon comportement (être courtois, poli, utiliser le vouvoiement), bien rasé / coiffé et surtout : tout le long du parcours de recrutement, soyez vous-même, restez humble et soyez discret. Si vous en savez suffisamment sur la BSPP et que le recruteur voit à travers vous que votre projet est bien réfléchi c'est un bon début.

Je vous conseille de venir retirer votre dossier pour la BSPP en étant prêt physiquement pour les épreuves sportives de recrutement. Pour 2 raisons :

1. Le recruteur va vous demander votre niveau sportif. Comprenez que si vous lui dites que vous faites 20 tractions et pallier 12 au luc léger, il fera en sorte que votre recrutement se passe au plus vite...
2. Vous aurez suffisamment confiance face au recruteur car vous vous sentirez prêt... Et ça n'a pas de prix ! Beaucoup arrivent au CIRFA en étant pas prêt et sont surpris par la vitesse du recrutement.

Bien entendu, il faudra continuer de vous préparer en attendant la date de votre recrutement, mais au moins vous aurez déjà un bon niveau. Votre but sera de venir encore plus fort pour le recrutement au CSO.

Une fois votre dossier en main :

Dès que vous avez votre dossier de recrutement en main, dites vous que c'est à vous de jouer. Votre objectif maintenant c'est de bien le remplir, réunir tous les documents nécessaires et faire en sorte que ce dossier soit complet. Prenez donc votre temps pour bien le faire. Vous pouvez, si vous avez des questions appelez votre recruteur, il est également là pour vous aider lors de cette étape et il ne faut pas hésiter à faire appel à lui/elle.

En parallèle, continuez de bien vous entraîner pour les épreuves du recrutement. C'est important de ne jamais laisser de côté votre préparation car c'est là que vous pourrez vous distinguer des autres candidats.

Vous aurez également à rendre une lettre de motivation dans votre dossier de recrutement. Mais je vous réserve quelques lignes à ce sujet, plus tard dans ce livre !

Le retour de votre dossier bien rempli :

Vous allez, quand vous vous sentirez prêt, apporter votre dossier assidument rempli au CIRFA. Cette étape est très importante car c'est à ce moment là que votre processus de recrutement sera lancé. Après ça, il n'y aura plus qu'à attendre vos dates de recrutement.

Il va falloir mettre les bouchés doubles pour votre préparation, tout en faisant attention à ne pas se blesser. C'est donc une partie délicate et c'est pour ça que je vous conseille d'apporter votre dossier au CIRFA en étant prêt physiquement. Ainsi, vous n'aurai pas la pression lors de vos séances d'entrainements et vous risquerez moins de vous blesser. Devenir pompier de Paris se prépare dans le temps et non dans l'urgence.

Finalement, il n'y a pas beaucoup d'épreuves sportives lors du recrutement à la BSPP et il est donc facile de performer de partout si vous organisez bien votre préparation. Nous verrons comment bien se préparer aux épreuves plus tard dans ce livre notamment grâce à mes programmes sportifs. Vous pourrez noter vos résultats et vous progresserez jour après jour pour réussir les épreuves.

Sachez que, si le niveau sportif demandé lors du recrutement pour la BSPP varie en fonction des années, j'invite tous mes élèves à bien s'entrainer car en compagnie d'incendie, le niveau est très élevé. Beaucoup arrivent en caserne avec un mauvais niveau et l'intégration est donc plus difficile pour eux. C'est pour ces raisons que j'ai réalisé la Méthode Guyard, un programme d'entrainement intense sur 6 mois…

La compagnie d'incendie, ça ne rigole pas. Sachez-le !

CE QU'IL FAUT RETENIR :

Avant de pousser
la porte du
CIRFA

- Sachez que la BSPP va boulverser votre vie,
- Commencez votre préparation le plus tôt possible pour arriver prêt dès le retrait du dossier,
- Soignez votre présentation dès le premier pas dans le CIRFA.

Les épreuves du recrutement au CSO :

Avant de se lancer dans la préparation physique spécifique pour le recrutement de la BSPP, il est important de savoir qu'il faut étudier les épreuves afin de s'y préparer au mieux.

Par la suite, je vous proposerai de suivre mes programmes pour que vous puissiez progresser sur chaque épreuve du recrutement et ainsi noter vos résultats dans ce livre. On en reparlera un peu plus tard dans ce livre.

Comme nous avons vu précédemment, le recrutement à proprement parlé se déroule en 2 phases :

- Le recrutement militaire qui a lieu au CSO (centre de sélections et d'orientation) de votre région,
- Le recrutement BSPP qui a lieu à Paris.

Le recrutement se déroule dans cet ordre 👆, d'abord le recrutement miliaire, celui de l'armée et ensuite celui de la BSPP. Il va falloir donc être prêt pour ces deux recrutements, car ils devraient s'enchaîner…

Le recrutement au CSO :

Il se déroule sur 2 jours de la manière suivante :

Vous aurez pour commencer une **visite médicale**. Elle peut être fatale pour quelques-uns d'entre vous car cette visite médicale est plutôt sélective. Certains vont se voir réformés parce qu'ils ont un début de scoliose, parce qu'ils ont les jambes arquées, parce qu'ils ont un souffle au cœur, parce qu'ils ont été opérés durant leur enfance etc.
Le pire dans tout ça, c'est que parfois le médecin va vous déceler des troubles dont vous ne connaissez pas l'existence. Il y a beaucoup de raisons de réforme et la liste (qui doit certainement variée en fonction des années) n'est pas connue.

Seul le médecin militaire qui va vous occulter ce jour-là, pourra vous mettre apte ou inapte. Il est donc impossible de savoir si vous êtes apte ou pas avant ce moment-là… Il va donc falloir se préparer avec en tête l'idée que vous n'êtes peut-être pas apte.
Beaucoup de candidats ont vu leur rêve brisé à ce moment-là. C'est d'ailleurs le moment le plus stressant du recrutement, car votre destin n'est pas entre vos mains…

Pour vous rassurer j'ai réalisé 2 vidéos (👆👆) au sujet de cette visite médicale. Dans la première vidéo, je vous parle de la visite médicale de manière générale et dans la deuxième vidéo, je réponds à toutes les questions que vous pourrez vous poser concernant la vue pour entrer à

la BSPP. Je vous apporte quelques solutions afin d'être apte à ce niveau-là.
Après la visite médicale, vous aurez les **tests psychotechniques et de personnalités**, il s'agit de tests à réaliser sur un ordinateur pour évaluer vos aptitudes logiques, verbales et numériques. Ces tests servent à mesurer vos capacités de réaction, de réflexion, de concentration et aussi votre faculté à intégrer et traiter l'information ou la stimulation.
Les tests psychotechniques peuvent prendre la forme de QCM, de suites de formes géométriques, de cartes, de nombres ou de lettres, de tests de mémoires lexicales ou visuels. Généralement vous aurez quelques secondes pour répondre à chaque question. Cela servira également à tester votre réactivité ainsi que votre sang froid.
Beaucoup de mes élèves n'ont pas préparé cette épreuve et quelques-uns ont été se préparer sur le site internet : *mon-qi.com* et sur l'application mobile : *Test d'aptitude pour l'armée*. Je vous conseille donc d'aller vous entrainer sur ces deux plateformes afin de savoir à quoi vous attendre lors du recrutement et d'être un minimum prêt, car les tests psychotechniques peuvent vous surprendre. Une chose est certaine c'est que tous mes élèves m'ont dit que l'épreuve n'était pas difficile.

Sur le site *mon-qi.com*, dans l'onglet "test psychotechnique", vous aurez plusieurs tests :

- Test de logique, test de dominos, test de cartes, test verbale, test mécanique, test mathématique, test de mémoire.

Je vous conseille d'aller y jeter un œil et de vous entrainer à chacun de ces tests pour vous préparer aux mieux !

Voici quelques exemples tirés du site internet *mon-qi.com* :

Question 1/10 : Numération de position

Quel est le chiffre des unités : 86,13

Tapez votre réponse:

Question suivante

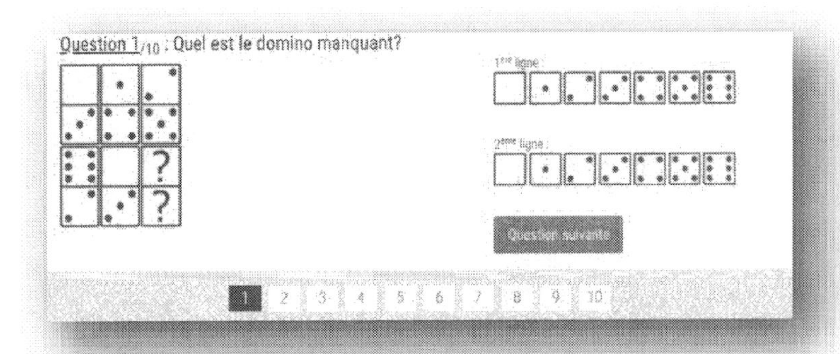

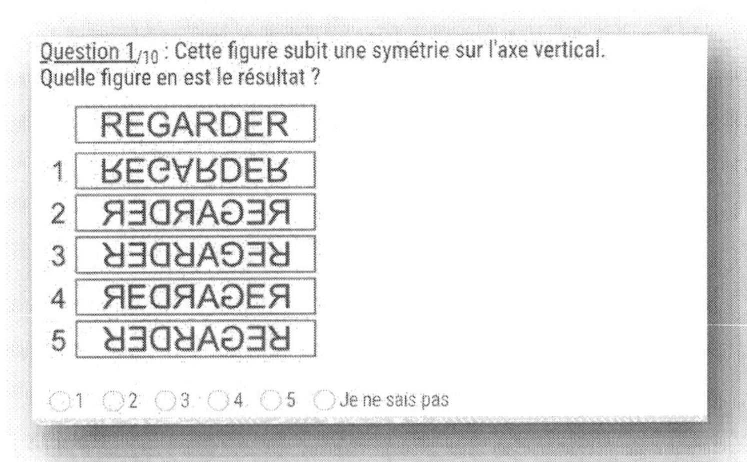

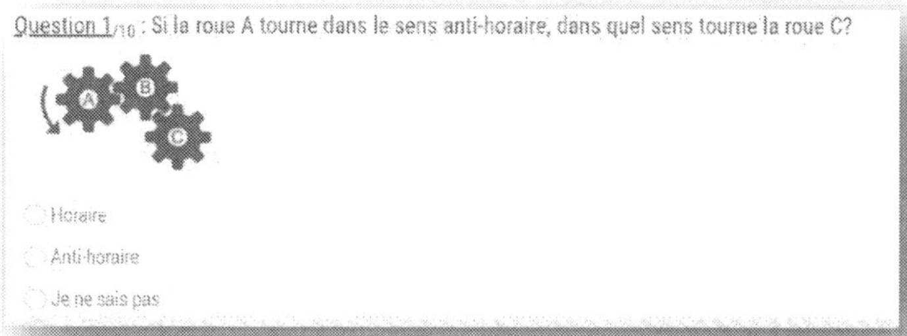

Question 1/10 : Si la roue A tourne dans le sens anti-horaire, dans quel sens tourne la roue C?

A B C

- Horaire
- Anti-horaire
- Je ne sais pas

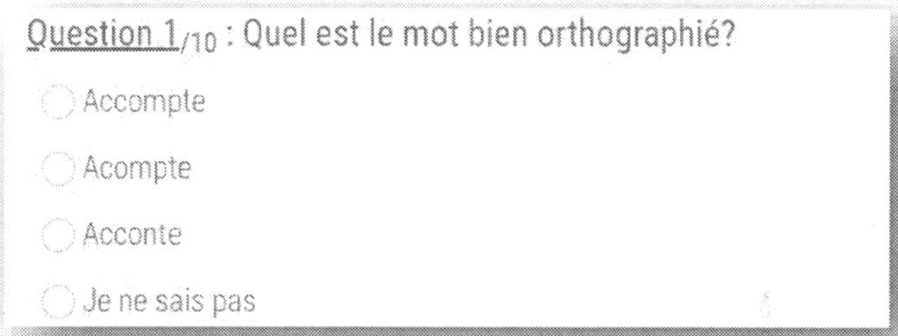

Question 1/10 : Quel est le mot bien orthographié?

- Accompte
- Acompte
- Acconte
- Je ne sais pas

<u>Pour résumer, vous aurez</u> :
Du français avec des synonymes à trouver, des mathématiques avec différents problèmes à résoudre, des exercices pour situer des formes dans l'espace en changeant leurs sens, des tests de rapidité avec des mots qui se ressemblent à une lettre près, des tests de rapidités etc. Vous aurez bien entendu un temps défini et sachez que le temps est court pour répondre à chaque question.

Mon conseil : ne paniquez pas ! C'est le but de cette épreuve que de voir comment vous réagissez. Le test est simple, respirez un bon coup et ça va le faire !
Concernant le test de personnalité, comme son nom l'indique il s'agit d'un test pour évaluer votre personnalité. Le conseil que je peux vous donner est : REPONDEZ SINCEREMENT ! Ce test, c'est pour voir si vous êtes sincère. Croyez-moi, à la fin de votre recrutement au

CSO, quand l'évaluateur va lire votre profil, il sera d'une précision sans nom... Car ils vont vous observer tout au long du cursus de recrutement et certaines questions reviennent, d'une manière ou d'une autre (parfois à l'oral). Donc si vous mentez ou si vous cachez quelque chose, ils vont le déceler à un moment ou à un autre et cela peut jouer en votre défaveur. J'ai été vraiment surpris par la précision de ce test de personnalité. J'avais l'impression qu'ils me connaissaient mieux que moi-même...

Par la suite, pour ceux qui ont le bac et un niveau supérieur vous aurez un test d'anglais avec 150 questions à réaliser en 55 minutes. Sachez que ce test ne va pas être comptabilisé dans les résultats car c'est le test pour devenir sous-officier de l'armée (il n'est pas possible de rentrer directement sous-officier à la BSPP, mais si jamais vous échouez le recrutement pour la BSPP, vous pourrez être réorienté. Sachez-le). Il s'agit de phrases à trous avec plusieurs choix. Il faudra trouver la phrase qui correspond le mieux. Sachez aussi que ce test est plutôt difficile selon mes élèves. Even if you speak english very well it's hard ! Me, I don't know this part because I don't have qualification...

Le lendemain matin, vous aurez à réaliser **les tests physiques**. Dans cette partie, je vais vous dire les résultats que vous devrez réaliser pour être les meilleur(e)s, et plus tard dans ce livre je vous proposerai des programmes pour arriver à ce résultat.

Vous devrez réaliser *(attention au temps de récupération qui peut être très court entre les épreuves. D'où l'intérêt, lors de votre préparation d'enchainer les épreuves / aussi, les épreuves ne se feront pas forcement dans l'ordre indiqué ici mais en général les épreuves sportives commencent par le luc léger)* :

- *Luc léger*

  Le luc léger est une épreuve difficile qu'il faut préparer avec minutie. Nous en parlerons en détail un peu plus loin, avec mon programme adapté qui vous fera gagner en paliers.

  Ce qu'il faut savoir :

  1. Il n'y a pas besoin de s'échauffer avant un luc léger car les premiers paliers de l'épreuves servent d'échauffement. Echauffez-vous tout de même les articulations : chevilles, genoux et faites un réveil musculaire.
  2. Votre objectif : Palier 12. C'est à ce moment là que les recruteurs arrêteront l'épreuve. Donc il faut viser ce résultat.

  Sachez que normalement, le temps de repos entre le luc léger et l'épreuve des tractions diffèrent selon les CSO, mais qu'en général les meilleurs au luc léger passeront en dernier aux tractions...

- *Tractions pour les hommes*
- *Tirage poulie 35kg pour les femmes*

  Le but est de faire un maximum de tractions / tirages en pronation. Comme pour le luc léger nous en parlerons plus en détail plus tard dans ce livre.

  Ce qu'il faut savoir :

  1. Il n'y a pas forcément de magnésie lors de cette épreuve. Donc entrainez-vous sans, et s'il y en a durant le recrutement, mettez-en car la magnésie vous aidera pour sûr car vous aurez les mains moites ! (Je vous conseille d'en apporter lors du recrutement, peut-être qu'ils vous laisseront utiliser la vôtre. À essayer...)
  2. Votre objectif est d'en faire plus de 20 si vous voulez vous distinguer des autres candidats !

Pour que vous compreniez mieux l'état d'esprit que vous devez avoir lors de votre préparation, je partage avec vous ce commentaire posté par un de mes élèves - sur le groupe privé de ma formation - qui a réussi le recrutement de la BSPP et qui, désormais, est en compagnie d'incendie. 👇

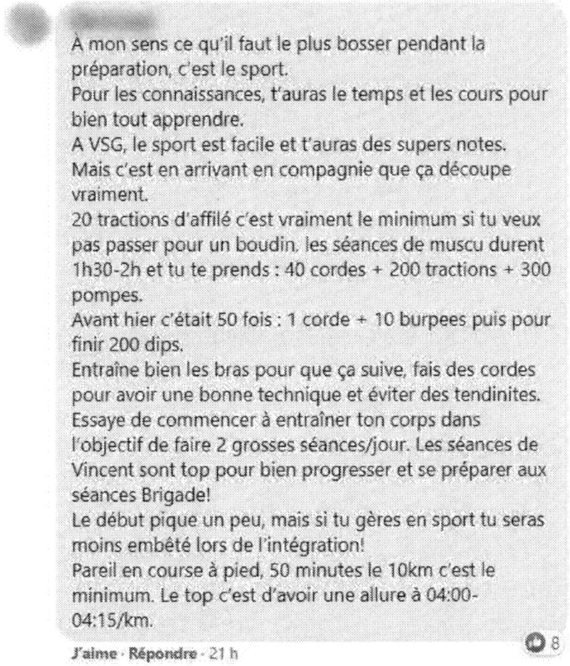

> A mon sens ce qu'il faut le plus bosser pendant la préparation, c'est le sport.
> Pour les connaissances, t'auras le temps et les cours pour bien tout apprendre.
> A VSG, le sport est facile et t'auras des supers notes.
> Mais c'est en arrivant en compagnie que ça découpe vraiment.
> 20 tractions d'affilé c'est vraiment le minimum si tu veux pas passer pour un boudin, les séances de muscu durent 1h30-2h et tu te prends : 40 cordes + 200 tractions + 300 pompes.
> Avant hier c'était 50 fois : 1 corde + 10 burpees puis pour finir 200 dips.
> Entraîne bien les bras pour que ça suive, fais des cordes pour avoir une bonne technique et éviter des tendinites.
> Essaye de commencer à entraîner ton corps dans l'objectif de faire 2 grosses séances/jour. Les séances de Vincent sont top pour bien progresser et se préparer aux séances Brigade!
> Le début pique un peu, mais si tu gères en sport tu seras moins embêté lors de l'intégration!
> Pareil en course à pied, 50 minutes le 10km c'est le minimum. Le top c'est d'avoir une allure à 04:00-04:15/km.
>
> J'aime · Répondre · 21 h 8

Ce commentaire explique parfaitement pourquoi, je veux que vous fassiez minimum 20 tractions.

- **Dans un premier temps :** *pour vous distinguer au CSO.*
- **Deuxio :** *pour avoir 20/20 aux évaluations complémentaires.*
- **Troisièmement :** *pour performer lors de l'instruction.*
- **Et enfin (et surtout) :** *pour être à la hauteur en compagnie d'incendie !*

C'est ce que beaucoup de candidats négligent. Ils se renseignent sur le minimum pour réussir le recrutement à la BSPP. **Cher lecteur** : vous devez avoir un tout autre état d'esprit et chercher à avoir le meilleur niveau possible pour faire votre place en compagnie d'incendie parce que comme le dit ce commentaire :

en compagnie d'incendie ça découpe vraiment ! (C'est aussi pour ça que j'ai créé la Méthode Guyard ! 👊)

- *Squats*
  Le but est de faire un maximum de squats en 1 minute. Nous en parlerons également plus tard. Attention, car après avoir réalisé un luc léger + les tractions et avec le stress ainsi que l'émotion il est possible que cette épreuve qui parait simple sur le papier devienne un enfer. Donc restez concentré et serrez les dents.
  Ce qu'il faut savoir :
  1. Il faut en faire 55 pour avoir la note maximale. Donc ayez cet objectif lors de votre préparation !

Après les épreuves sportives, dans l'après-midi, vous aurez **un entretien avec le recruteur**. Cet entretien est un moment clé de votre recrutement car il va regarder vos résultats et ainsi voir si vous avez le profil pour devenir pompier de Paris. Par la suite il vous posera quelque question pour confirmer votre profil en s'appuyant sur vos résultats et votre test de personnalité. Il pourra vous poser des questions sur votre motivation, vos qualités, vos défauts, les risques, contraintes, le salaire du métier etc.

Cet entretien est plus une discussion avec le recruteur. Il durera entre 10 et 40 minutes. L'objectif pour lui et de se faire une idée de votre profil afin de savoir si oui ou non il vous envoi aux sélections complémentaires de la BSPP.

Conseil : vous venez de terminer toutes les épreuves du recrutement. Vous aurez donc un premier ressenti. Le recruteur, vous confirmera si ce ressenti était le bon ou le mauvais. Gardez la tête sur les épaules, répondez bien à ses questions, soyez poli et courtois. Si vous avez réussi les sélections, cet entretien devrait bien se passer. Il n'y a pas de questions pièges, le recruteur va simplement examiner votre profil.

Pour vous préparer aux mieux, j'ai fait une formation pour réussir l'oral. Il s'agit de 4h30 de cours pour bien appréhender l'épreuve. Il est destiné pour réussir l'oral du concours de sapeurs-pompiers professionnel mais vous y trouverai beaucoup d'informations que vous pourrez utiliser pour réussir cet entretien (puis celui des évaluations complémentaires).

☞ ☞ ☞ ☞ ☞ ☞ ☞ ☞

À la fin de ces sélections au CSO vous serez apte ou inapte pour entrer dans l'armée.

Si vous êtes apte, vous serez classé dans un niveau d'aptitude : E1, E2 ou E3. E1 c'est ceux qui ont performé, E2 c'est quasiment tout le monde et E3 c'est ceux qui n'ont pas leur place dans l'armée. Votre objectif pour entrer à la BSPP est d'être classé E1 (oui ils demandent ce niveau).

Important : pour ceux qui feront le recrutement au CSO de **Vincennes**, sachez que ce recrutement est différent par rapport aux autres CSO de France car c'est un recrutement *uniquement* pour la BSPP (le nombre de candidats est plus important car il s'agit de la région parisienne). En d'autres termes tous les candidats autour de vous auront le même objectif : entrer à la BSPP. Aussi, sachez que les recruteurs seront des pompiers de Paris. Ils connaissent donc parfaitement la BSPP et pourront vous poser le genre de questions que vous pourrez avoir aux agréments techniques. Soyez conscient de ça ! Pour avoir fait le CSO de Lyon et de Vincennes, je sais que à Vincennes les recruteurs sont plus sélectifs et il va donc falloir venir en connaissant au mieux la BSPP.

Les épreuves du recrutement aux évaluations complémentaires :

Une fois que vous aurez réussi les épreuves du CSO, vous serez convoquez quelques semaines plus tard, à Paris pour les épreuves des évaluations complémentaires.

À savoir, les épreuves se déroulent également sur 2 jours (24h).

Le premier jour, au matin, vous aurez l'épreuve de natation qui se déroulera à la caserne de Masséna dans le 13eme arrondissement de Paris :

- *L'épreuve de natation :*
  Il s'agit d'un 100 mètres nage libre (nage ventrale, lunettes autorisés), départ plongé.
  Ce qu'il faut savoir
  1. Savoir plonger est très important pour gagner de la distance et donc du temps (attention à ne pas perdre vos lunettes).
  2. La piscine de Masséna mesure 25 mètres et donc il s'agit de faire 2 allez retour, ce qui fera 3 manœuvres de retournement. Il faudra donc prendre en compte ce mouvement pour optimiser au mieux l'épreuve (en poussant avec les pieds sur le rebord de la piscine).
  3. La natation est souvent négligée lors de la préparation et c'est donc une chance pour vous qui lisez ces lignes. Plus vous serez prêt à cette épreuve, plus vous vous distinguerez des autres candidats ! Je vous conseille de prendre quelques cours de natation pour bien apprendre à nager le crawl qui est la nage à faire pour être plus rapide !
  4. Visez la note de 16/20 durant votre préparation, soit 1min30 pour les hommes et 1min40 pour les femmes (*voir le barème de notation*).

- *L'épreuve annexe de natation :*
  Après avoir réalisé votre épreuve de natation vous allez devoir faire l'épreuve annexe de natation (attention au temps de récupération qui est court). Vous allez devoir réaliser un simple saut du plongeoir de 3 mètres, une fois dans l'eau, vous devrez aller chercher un objet au fond de la piscine (à 2,50m de profondeur). Vous devrez remonter cet objet et le montrer au contrôleur.
  Ce qu'il faut savoir :
    1. Les lunettes ne sont pas autorisées pour cette épreuve annexe.
    2. Il est difficile de se préparer à sauter de 3 mètres, si vous n'avez pas de spot dans une rivière près de chez vous ou un plongeoir à cette hauteur dans la piscine de votre commune (et encore faut-il avoir l'autorisation d'y sauter). Du coup beaucoup de candidats arrivent sans jamais avoir sauté d'une telle hauteur. Mettez vous en tête que ce simple saut sera un pas de plus pour accéder à votre rêve. Ne réfléchissez pas trop : Quand vous avez l'autorisation de sauter, sautez...
    3. Concernant le fait d'aller chercher un objet au fond de la piscine, vous pouvez vous entrainer en réalisant un piqué canard, pour aller toucher le fond de votre piscine. Entrainez vous bien entendu en condition réel donc sans lunette, et après avoir réalisé votre 100m (vous serez un peu plus fatigué, et donc essoufflé). Dans l'un de mes programmes qui suit (tiré de la Méthode Guyard), j'ai bien entendu inclus des séances de natation avec piqué canard.
    4. Cette épreuve annexe ne rapporte pas de point, par contre vous pouvez, à cause d'elle, en perdre sur votre épreuve de natation. Vous perdrez donc 2 points si vous ne sautez pas et 2 points si vous ne remontez pas l'objet. Si vous échouez à cette épreuve annexe, cela pénalise donc grandement votre 100m. Soyez-en conscient !

5. N'oubliez pas de vous échauffer avant chaque épreuve. Avant de prendre soin des autres, il faut prendre soin de soi et s'échauffer c'est éviter de se blesser.

Voici le barème de l'épreuve de natation, tiré du site de la BSPP :

NATATION

Lieu: Caserne de Masséna Paris 13e

Note / 20	Barème épreuve de natation - 100m nage libre	
	Homme	Femme
20	1'10	1'20
19	1'15	1'25
18	1'20	1'30
17	1'25	1'35
16	1'30	1'40
15	1'40	1'50
14	1'50	2'00
13	2'00	2'10
12	2'10	2'20
11	2'20	2'30
10	2'30	2'40
9	2'40	2'50
8	2'50	3'00
7	3'00	3'10
6	3'10	3'20
5	3'20	3'30
4	3'30	3'40
3	3'40	3'50
2	3'50	4'00
1	4'00	4'10
0	4'10	4'20
Note inférieur à 6/20 est éliminatoire		

L'après-midi, vous irez au centre de formation pour passer les autres épreuves sportives. À ce moment-là, vous mettrez le pied dans un endroit de rêve ! Le centre de formation des pompiers de Paris ! Vous serez certainement excité à l'idée dans voir un peu plus sur la BSPP et c'est normal. Profitez-en, un jour, vous serez ici en tant que recrue des pompiers de Paris !

- *L'épreuve de tractions*

  Cette épreuve est similaire à celle du recrutement au CSO. Vous devez faire un maximum de traction en pronation. La différence ici c'est qu'il y a là un barème et que les filles, contrairement aux épreuves du CSO où elles devaient faire du tirage poulie, devront également faire des tractions complète en pronation. Comme les hommes.

  Ce qu'il faut savoir :

  1. Votre objectif est ici de faire 20 tractions pour avoir 20/20. Pour les filles, il faut viser les 10 tractions pour avoir 20/20.
  2. Si jamais vous êtes autorisé à en faire plus, n'hésitez pas à aller au bout de vos limites. Vous êtes à la dernière étape du recrutement et c'est maintenant qu'il faut prouver que vous êtes meilleur que les autres ! C'est parfois là que tout se joue.
  3. Essayez de faire (beaucoup) mieux que lors du recrutement au CSO, car les recruteurs verront votre progression et ils verront que vous n'avez pas chômé entre les deux recrutements !
  4. Pour la magnésie, c'est comme pour le recrutement au CSO, il peut y en avoir comme il peut ne pas y en avoir. Apportez-en, ça ne coûte rien et si les recruteurs sont d'accord, utilisez votre magnésie.
  5. Comme pour le luc léger, cette épreuve et à bien préparer pour faire la différence avec les autres candidats. Plus tard dans cet ouvrage, je vous

mettrai également un petit programme pour progresser rapidement aux tractions max.

Voici le barème de l'épreuve de traction, tiré du site de la BSPP :

TRACTIONS

Pour les hommes, les tractions seront effectuées comme lors des évaluations militaires. Les femmes effectueront des tractions complètes.

	Barème tractions (en pronation) - Nombre de répétition	
Note / 20	**Homme**	**Femme**
20	20	10
19	19	
18	18	9
17	17	
16	16	8
15	15	
14	14	7
13	13	
12	12	6
11	11	
10	10	5
9	9	
8	8	4
7	7	
6	6	3
0	Échec	

- *L'épreuve du parcours sapeur-pompier*

  Ici, vous allez devoir réaliser un parcours sapeur-pompier avec des ateliers qu'il faut enchainer le plus rapidement possible. C'est un parcours très cardio qu'il ne faut pas prendre à la légère, notamment lors de votre préparation.

  Ce qu'il faut savoir :

  1. Beaucoup de mes élèves m'ont rapporté que ce parcours est très physique. Et c'est logique. Plus vous irez vite, plus votre rythme cardiaque va s'accélérer. Voilà pourquoi, il faut durant votre préparation faire des exercices de cross training. Vous en aurez si vous commencez ma formation : réussir le recrutement de la BSPP.
  2. Ne confondez pas vitesse et précipitation ! Il est vite arrivé de faire tomber un plot, qu'il faudra remettre en place et donc vous perdrez du temps.
  3. Pensez à étudier le parcours auprès du site internet de la BSPP et de mes autres élèves sur le groupe privé pour ne pas avoir de surprises le jour J.
  4. Il est difficile de s'entrainer dans les conditions réelles du parcours, cependant lors de vos séances cross training, donnez-vous à fond, il n'y a que comme ça que vous progresserez !
  5. Mettez-vous en tête que le parcours (comme le luc léger), se déroulera à l'extérieur et ce qu'importe les conditions climatiques. Donc ne repoussez pas vos entrainements parce qu'il ne fait pas beau... Le mauvais temps doit faire parti de votre préparation.
  6. Essayez au minimum d'avoir 15 sur 20 à ce parcours.

Voici le barème de l'épreuve du parcours sapeur-pompier, tiré du site de la BSPP :

PARCOURS SAPEUR-POMPIER

Le parcours sapeur-pompier est une épreuve sportive, composée d'un ensemble d'ateliers qu'il faut enchainer le plus vite possible. Ces ateliers requièrent des efforts musculaires, couplés à un effort cardiaque constant. On peut comparer ces efforts à ceux qu'un pompier rencontre en intervention, lors d'un incendie.

Note / 20	Barème parcours SP - Temps chronométré	
	Homme	Femme
20	1'30	1'45
19	1'33	1'48
18	1'36	1'51
17	1'39	1'54
16	1'42	1'57
15	1'45	2'00
14	1'48	2'03
13	1'51	2'06
12	1'54	2'09
11	1'57	2'12
10	2'00	2'15
9	2'03	2'18
8	2'06	2'21
7	2'09	2'24
6	2'12	2'27
5	2'15	2'30
4	2'18	2'33
3	2'21	2'36
2	2'24	2'39
1	2'27	2'42
0	2'30	2'45
Note inférieur à 6/20 est éliminatoire		

Le lendemain matin, vous allez être confronté à l'épreuve du QCM (questions à choix multiples) sur l'institution. Il va donc falloir connaitre la BSPP sur le bout des doigts pour avoir 20/20. Pour ça il faudra étudier le site de la BSPP afin de tout connaitre.
Le QCM se passe comme pour le code de la route et vous aurez 20 questions.

Pour vous aider dans ma formation réussir le recrutement de la BSPP, j'ai réalisé des cours en vidéo à ce sujet. J'y partage également mes connaissances, mon expérience et les questions qui tombent régulièrement.

Vous pourrez y télécharger un PDF complet sur la BSPP. Un cours qui résume tout ce que vous devez connaitre, que vous pourrez imprimer et glisser dans ce livre afin de pouvoir réviser à tout moment. À la fin de ce livre vous pourrez y noter vos notes importantes à savoir.

Dans la formation, je partage les questions qui tombent régulièrement, bien entendu vous y trouverai les réponses dans mes différents cours.
Je vous invite également à aller sur le groupe privé de la formation car c'est une vraie mine d'or en informations et vous trouverez beaucoup de questions qui sont tombés !
Sur les prochaines pages, vous pourrez noter ces questions, leurs réponses et ainsi, vous aurez à porté de main ce que vous devez savoir !

PREPARATION
POUR LE QCM
BSPP

PREPARATION
POUR LE QCM
BSPP

PREPARATION
POUR LE QCM
BSPP

PREPARATION
POUR LE QCM
BSPP

PREPARATION
POUR LE QCM
BSPP

L'après-midi de ce deuxième jour des évaluations complémentaires, vous aurez à réaliser **un entretien avec un évaluateur de la BSPP**. Cet entretien sera plus complet et plus axé sur les pompiers de Paris et votre projet de carrière que celui du CSO. C'est la dernière étape de votre recrutement et comme pour l'entretien au CSO il va falloir le préparer.

L'évaluateur va, dans un premier temps regarder votre dossier. Il va tout étudier afin de vous poser les questions en fonction de vos résultats. Bien entendu, plus vos performances sont bonnes aux restes des épreuves, plus l'évaluateur appréciera votre profil et donc moins l'entretien sera difficile.
Il verra bien entendu votre progression entre les deux recrutements, vos résultats, et aussi la lettre de motivation que vous avez réalisé en arrivant à Paris (nous en parlerons juste après).

Cet entretien dure entre 15 et 20 min (bien entendu, selon les profils l'entretien peut-être plus ou moins long). L'évaluateur va donc vous poser des questions en fonction de vos résultats, sur la BSPP et sur votre profil (vos motivations et objectifs à la BSPP).
Il est important de bien connaitre l'institution, car quelques-uns de mes élèves ont été surpris par les questions qui ont été posé. Je cite quelques exemples :

- Le trajet entre votre domicile et la BSPP, est-ce que ça ne va pas vous peser à la longue ?
- Est-ce que vous pensez tenir le rythme à la BSPP ?
- Comment votre famille va-t-elle vivre l'éloignement ?
- Pourquoi n'avez-vous pas été pompier volontaire ?
  (D'ailleurs cette dernière question, sachez que pour devenir pompier de Paris, avoir été pompier volontaire n'est pas du tout nécessaire, ni important. Ce n'est pas cela qui va avantager ou désavantager votre candidature. Par contre, si vous n'avez pas été pompier

volontaire, il faudra se préparer à répondre à cette question car elle tombera (et à raison) à un moment ou un autre... Ce n'est pas une question piège mais il faudra s'y préparer).

La liste n'est pas exhaustive, mais il faut vous attendre à ce genre de questions très personnelles en plus des questions sur la BSPP. D'où l'intérêt de bien réfléchir à son projet professionnel.

Projet professionnel et vos motivations :
C'est là que va se baser tout l'entretien. Il est donc très important d'y réfléchir. J'en parle beaucoup dans ma formation pour réussir l'oral. Pour que vous puissiez comprendre facilement le concept, ce que l'évaluateur entend par projet professionnel, c'est de voir si vous avez bien réfléchi à l'avenir au sein de la BSPP. En clair, si vous voulez aller à l'avancement, si vous comptez un jour devenir sous-officier, formateur, prendre des responsabilités au sein de la caserne, vous investir auprès de votre service, venir vous installer à Paris, vous spécialiser etc.
C'est ce qui différencie vos motivations qui sont à peu près les mêmes pour tout le monde : aimer l'action, le sport, aider les gens, le fait qu'il n'y ai pas de routine, le côté militaire etc.

Voilà pourquoi je vous conseille de bien travailler votre projet professionnel pour l'inclure dès que l'ont vous demande vos motivations.

Exemple, on vous pose la question : ***qu'aimez-vous dans le métier de sapeur-pompier ?***
Il est facile ici de ne parler que de vos motivations : *J'aime ce métier parce qu'il n'y a aucun jour qui se ressemble, j'adore aussi aider les gens et faire du sport...*
Ici on s'enferme dans un discours qui n'a aucun intérêt

pour l'évaluateur…
L'une des réponses appropriées est :
Ce que j'aime dans le métier de sapeurs-pompiers c'est le côté relation humaine, déjà dans un premier temps, on est au service de la population pour aider les gens. Ensuite, ce que j'aime c'est qu'on peut évoluer et apporter beaucoup aux autres collègues. Notamment auprès des jeunes recrues. J'adore aider et donner des conseils et donc j'envisage de monter en grade dès que je peux pour avoir ce genre de responsabilité…

Il s'agit là d'un exemple, mais vous comprenez qu'entre le premier et le deuxième discours il y a là une grosse différence. Dans le premier, l'évaluateur va hocher de la tête, dans le second l'évaluateur va voir en vous un chef d'équipe, ou du moins quelqu'un qui pense aller à l'avancement et donc probablement faire carrière et s'investir…
Voilà pour résumer ce qu'est le projet de carrière. Dites-vous que l'évaluateur est un gradé chez les pompiers de Paris. Il a certainement été chef de centre et vous devez répondre à une question qui trotte dans sa tête :
Est-ce que je veux ce candidat dans ma caserne. Et la réponse, vous allez lui apporter avec tous les conseils que je vous donne dans ce livre et dans mes différentes formations : ***"Oui, ce candidat est de loin le meilleur, et je le veux dans ma caserne !"***…

LETTRE DE MOTIVATION

À l'ouverture de votre dossier au CIRFA, on vous aura certainement demandé une lettre de motivation (cela dépend des CIRFA). Dans tous les cas, vous aurez à remplir vos motivations aux évaluations complémentaires. Comme en témoigne les messages de mes élèves postés sur le groupe privé de ma formation : réussir le recrutement de la BSPP :

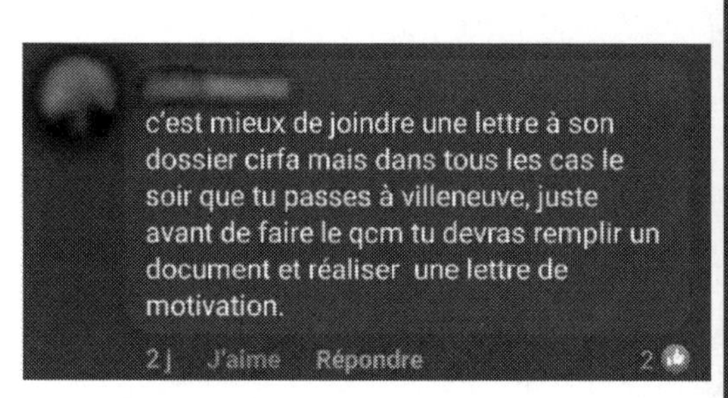

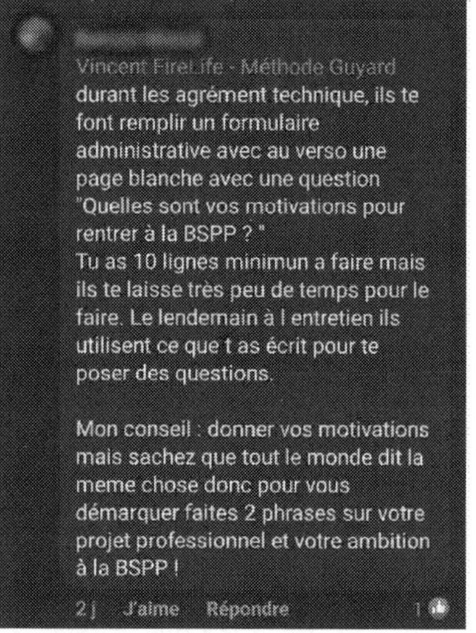

Le conseil donnez ici c'est celui que je prône dans ma formation. Et entre nous, ça fait une grosse différence ! Donc maintenant pensez : PROJET PROFESSIONNEL !

VOS OBJECTIFS :

Pour faire la différence et vous démarquer des autres candidats lors du recrutement de la BSPP

- Entrainez-vous aux tests psychotechniques
- Faites palier 12 au luc leger.
- Faites + de 20 tractions en pronation.
- Faites 55 squats.
- Faites 1min30 (1min40 pour les femmes) au 100m à la natation (16/20).
- Entrainez-vous suffisamment pour faire 1min45 (2min pour les femmes) au parcours sapeur-pompier (15/20)
- Apprenez le fonctionnement de la BSPP pour avoir entre 18 et 20/20 au QCM
- Préparez votre projet professionnel pour l'entretien

Voilà vos objectifs ! 👆👆 Avec ces notes ainsi qu'un bon test de personnalité et un bon entretien, vous devriez réussir votre sélection pour devenir pompier de Paris !

Maintenant que vous avez compris comment se déroule le recrutement pour les pompiers de Paris, il est temps de se préparer comme il faut !

Dans les pages qui vont suivre, je vous donne des conseils pour vous préparer au mieux aux différentes épreuves sportives du recrutement. Vous pourrez y noter vos séances, afin de toujours avoir un œil sur votre progression et pour ne pas perdre votre motivation en cours de route !

Avant de commencer, je vous invite à regarder une vidéo que j'ai réalisé pour le recrutement. C'était pour l'année 2020, mais je décortique une vidéo réalisée par les recruteurs de la BSPP. Nous allons passer au crible tout ce qu'ils disent et cette vidéo pourra vous apporter d'autres réponse ! 👆👆👆👆

Le Luc Léger est une épreuve difficile ! Il a été créé par le docteur Leger, un docteur canadien et enseignant à l'université de Montréal pour déterminer la vitesse maximale aérobie (VMA).

La VMA, pour faire simple, c'est la vitesse à laquelle vous atteignez votre consommation maximale d'oxygène. Cette donnée, sert aux sportifs pour adapter leurs entrainements et notamment les allures de leurs séances.

Pour le recrutement, le Luc Leger est utilisé pour apprécier votre niveau en course à pied. Autant vous préciser qu'à travers cette épreuve vous allez dépasser vos limites ! Il s'agit donc de faire des allers-retours sur 20 mètres, sur le rythme d'une bande sonore qui s'accélère toutes les 2min de 0,5km/h !

À ce sujet, j'ai réalisé des vidéos pour vous expliquer le déroulement de l'épreuve ainsi qu'un programme luc léger : Une méthode unique dans laquelle j'ai modifié les bandes sonores, pour vous familiariser à chaque palier. Retrouvez les vidéos et le programme via le QR code.

Pour vous préparer au luc léger, c'est très simple. Trouvez un espace de plus de 20 mètres (parking, gymnase etc), il vous faudra un mètre ruban, et des plots (une craie fera l'affaire).
Tracez, 2 traits droits, espacés de 20m. 1m avant ces 2 traits, tracez un autre trait (voir le schéma ☝). Ces 2 zones aux extrémités représentent la zone de tolérance.
Positionnez-vous à l'une des deux extrémités des 20m et lancez la bande sonore (trouvable dans ma Méthode luc léger) sur votre smartphone. Les premiers paliers servent à vous échauffer et à trouver votre rythme.
Le but, est de poser le bout du pied derrière les traits des 20m avant chaque bip sonore (comme le personnage à droite sur le schéma). Quand le bip sonne, vous devez partir dans l'autre direction pour poser le bout du pied à l'autre trait des 20m.
Si jamais le bip sonne et que vous n'avez pas le pied derrière la ligne des 20m mais que vous êtes dans la zone de tolérance, il faudra passer la ligne des 20m, et rattraper votre retard sur la prochaine longueur. Au bout de plusieurs fois dans la zone de tolérance, l'observateur vous arrêtera.
Vous validez le palier, quand la bande sonore annonce le palier.

Plus vous ferez de luc léger, plus vous gagnerez en cardio et plus votre épreuve sera fluide. Avoir le bon rythme, c'est quand vous posez le pied derrière le trait et que la bande sonore se met à biper à cet instant. Vous vous retournerez et vous irez dans l'autre direction d'une façon fluide et maitrisée. Sans attendre.

Attention à ne pas partir trop vite au début de l'épreuve, **attention** au sol qui peut parfois glisser et aussi, **attention** de ne vous laisser pas influencer par les autres candidats (par rapport à la vitesse). C'est vous le roi du luc léger !

Sur les pages qui vont suivre vous pourrez noter vos résultats de ma **Méthode luc léger**.
Le programme est sur 12 semaines, et bien entendu, vous pourrez répéter le programme jusqu'à ce que vous fassiez palier 12. *(pour avoir les séances il faut faire partie du programme)*.

Semaine 1

jour 1 : résultat Luc Leger :

jour 2 : repos

jour 3 : session run /
Mon temps :

jour 4 : repos

jour 5 : résultat Luc Leger :

jour 6 : session run /
Mon temps :

jour 7 : repos

Semaine 2

jour 1 : résultat Luc Leger :

jour 2 : repos

jour 3 : session run /
Mon temps :

jour 4 : repos

jour 5 : résultat Luc Leger :

jour 6 : session run /
Mon temps :

jour 7 : repos

résultat de mon dernier Luc Leger :

Semaine 3

jour 1 : séance spécifique track :

jour 2 : repos

jour 3 : session run / Mon temps :

jour 4 : séance spécifique track :

jour 5 : repos

jour 6 : séance spécifique track :

jour 7 : repos

Semaine 4

jour 1 : séance spécifique track :

jour 2 : repos

jour 3 : session run / Mon temps :

jour 4 : séance spécifique track :

jour 5 : repos

jour 6 : séance spécifique track :

jour 7 : repos

Semaine 5

jour 1 : résultat du luc leger :

jour 2 : repos

jour 3 : séance spécifique track :

jour 4 : session run / 1h

jour 5 : repos

jour 6 : séance spécifique track :

jour 7 : repos

track de la semaine :

Semaine 6

jour 1 : résultat du luc leger :

jour 2 : repos

jour 3 : séance spécifique track :

jour 4 : session run / 1h

jour 5 : repos

jour 6 : séance spécifique track :

jour 7 : repos

track de la semaine :

Semaine 7

jour 1 : résultat du luc leger :

jour 2 : repos

jour 3 : séance spécifique track :

jour 4 : session run / 1h

jour 5 : repos

jour 6 : séance spécifique track :

jour 7 : repos

track de la semaine :

Semaine 8

jour 1 : résultat du luc leger :

jour 2 : repos

jour 3 : séance spécifique track :

jour 4 : session run / 1h

jour 5 : repos

jour 6 : séance spécifique track :

jour 7 : repos

Semaine 9

jour 1 : résultat du luc leger :

jour 2 : repos

jour 3 : séance spécifique
track + 1 :

jour 4 : session run /
Mon temps :

jour 5 : repos

jour 6 : séance spécifique
track + 1 :

jour 7 : repos

Semaine 10

jour 1 : résultat du luc leger :

jour 2 : repos

jour 3 : séance spécifique
track + 1 :

jour 4 : session run /
Mon temps :

jour 5 : repos

jour 6 : séance spécifique
track + 1 :

jour 7 : repos

track de la semaine
(track +1) :

Semaine 11

jour 1 : résultat du luc leger :

jour 2 : repos

jour 3 : séance spécifique
track + 1 :

jour 4 : session run /
Mon temps :

jour 5 : repos

jour 6 : séance spécifique
track + 1 :

jour 7 : repos

track de la semaine
(track +1) :

Semaine 12

jour 1 : résultat du luc leger :

jour 2 : repos

jour 3 : séance spécifique
track + 1 :

jour 4 : session run /
Mon temps :

jour 5 : repos

jour 6 : séance spécifique
track + 1 :

jour 7 : repos

Je vais maintenant partager avec vous un petit programme facile à mettre en place pour progresser aux tractions max. C'est un programme réalisé par un de mes élèves. Il est passé de 14 à 21 tractions en un mois grâce à cette Méthode !

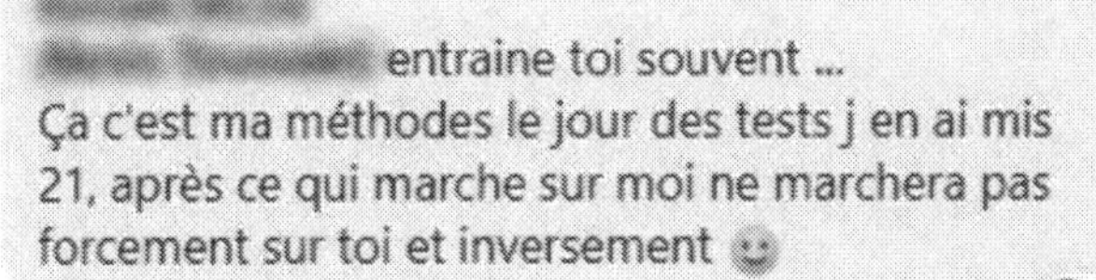

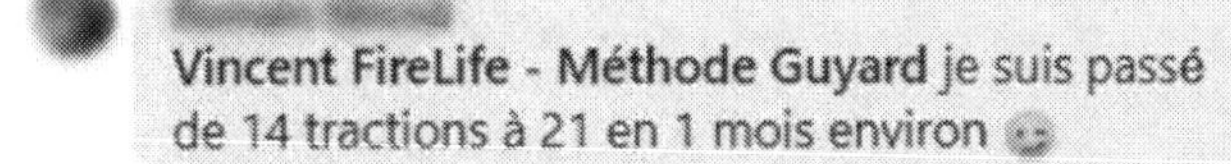

Je vous suggère de faire les séances de ce petit programme après les séances de la Méthode Luc Léger, car les tractions viendront après le Luc Léger lors des épreuves du recrutement à la BSPP.

Avant de vous présenter le programme, je vais vous donner quelques conseils pour réussir la préparation à cette épreuve :

🤓 Entrainez-vous toujours en conditions réelles : (ce conseil est également utile pour la planche lors de l'instruction. Si vous savez quelle planche / barre à traction seront utilisées pour les épreuves qui seront notées, n'utilisez que ces agrès). Renseignez-vous sur le type de barres, la hauteur de la barre (s'il faut sauter ou non), s'il y a de la magnésie (si oui, je vous conseille d'en mettre et donc d'en utiliser à l'entraînement. On a toujours les mains moites et parfois les barre glisse. D'où l'intérêt de savoir quel type de barre sera utilisé pour le recrutement).

🤓 Attrapez la barre à hauteur d'épaules. Plus vous aurez les bras écartés, plus la traction sera courte à réaliser. Cependant, les tractions bras écartés sont plus difficiles. À vous de trouver la bonne position entre pas trop écarté et largeur d'épaules et de vous entrainer toujours avec la même position (celle que vous aurez lors de l'examen).

🤓 Attrapez bien la barre : positionnez-vous de manière à ce qu'il n'y ait pas de plis de la peau entre la barre et vos doigts pour éviter les douleurs au bout de quelques tractions, prenez donc le temps de bien mettre vos mains. C'est important. Aussi, mettez bien votre pouce en bas ! C'est comme ça que se font les tractions à la BSPP.

🤓 Levez bien la tête, car en regardant devant vous, vous perdez quelques centimètres. Autant avoir le menton le plus haut possible puisque la traction sera comptabilisée que lorsque le menton dépasse la barre.

🤓 Prenez votre temps pour effectuer les tractions. L'épreuve n'est pas chronométrée et en allant vite vous risquez de ne pas bien déverrouiller dès que vous êtes en bas. Et c'est dommage d'avoir des tractions non comptabilisées alors que vous connaissez les règles du jeu : il faut faire des tractions complètes !

🤓 J'insiste sur le fait de bien déverrouiller les tractions. Faites-en sorte que toutes vos tractions soient comptabilisées et pour cela réalisez vos tractions à la perfection **dès** les entrainements.

🤓 Ne balancez pas votre corps pour faire les tractions. Sinon, elles ne seront pas comptabilisées. En revanche à la fin de la séance, et surtout lors du recrutement, dès que vous n'en pouvez plus, rien ne vous empêche d'essayer de gratter une ou deux tractions en vous balançant. Selon les examinateurs, c'est parfois toléré. Mais vraiment à la fin de vos tractions, quand vous êtes allez au bout, afin de tenter le tout pour le tout...

🤓 Écoutez bien les règles et respectez-les. C'est l'examinateur qui décide si vos tractions sont bien réalisées ou pas, donc faites ce qu'il dit !

🤓 Vous pouvez vous filmer, et poster la vidéo sur le groupe privé de ma formation afin qu'on puisse dire si vos tractions sont bonnes ou pas. On est là pour s'entraider ! Je prendrai le temps de vous dire si vos tractions sont bonnes et ce qu'il faut travailler dans le cas contraire.

🤓 Comme pour le Luc Léger, et toutes les épreuves du recrutement, devenez un geek de la barre à traction. Apprenez à la domptez, étudiez là, discutez-en entre-vous et surtout prenez du plaisir, c'est là que vous ferez la différence !

Concernant le programme tractions max :

🏅 Ce programme est simple à mettre en place et il fera une grosse différence pour maximiser vos tractions. Il est à faire juste après vos sessions Luc Léger pour se rapprocher des conditions du recrutement.

🏅 L'objectif est de tenter de faire mieux que la fois précédente en mettant une répétition de plus sur toutes vos séries longues, une répétition de plus sur votre max, ou 1kg de plus sur le 5*5. Vous pouvez bien évidement utiliser un élastique et adapter vos séances.

🏅 Notez vos performances sur les pages qui suivent pour voir votre progression, n'hésitez pas à partager vos résultats sur le groupe privé de ma formation et surtout, n'oubliez pas de bien vous échauffer avant les séances (et de bien boire).

Voici le programme à répéter jusqu'à votre objectif atteint (il a été fait de manière que vous puissiez le faire juste après les séances de la Méthode Luc Léger). Prenez entre 1 et 2min de pause entre les séries :

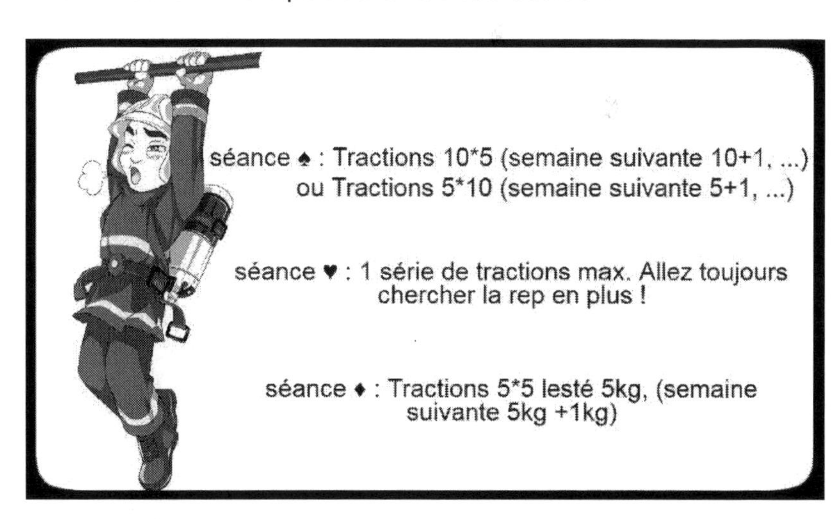

Semaine 1 / Semaine 2

Semaine 1	Semaine 2
jour 1 ♠ :	jour 1 ♦ :
jour 2 : repos	jour 2 : repos
jour 3 ♥ :	jour 3 ♠ :
jour 4 ♦ :	jour 4 ♥ :
jour 5 ♠ :	jour 5 ♦ :
jour 6 ♥ :	jour 6 ♠ :
jour 7 : repos	jour 7 : repos

Semaine 3 / Semaine 4

Semaine 3	Semaine 4
jour 1 ♥ :	jour 1 ♠ :
jour 2 : repos	jour 2 : repos
jour 3 ♦ :	jour 3 ♥ :
jour 4 ♠ :	jour 4 ♦ :
jour 5 ♥ :	jour 5 ♠ :
jour 6 ♦ :	jour 6 ♥ :
jour 7 : repos	jour 7 : repos

Semaine 5	Semaine 6
jour 1 ♦ :	jour 1 ♥ :
jour 2 : repos	jour 2 : repos
jour 3 ♠ :	jour 3 ♦ :
jour 4 ♥ :	jour 4 ♠ :
jour 5 ♦ :	jour 5 ♥ :
jour 6 ♠ :	jour 6 ♦ :
jour 7 : repos	jour 7 : repos

Semaine 7 / Semaine 8

Semaine 7	Semaine 8
jour 1 ♠ :	jour 1 ♦ :
jour 2 : repos	jour 2 : repos
jour 3 ♥ :	jour 3 ♠ :
jour 4 ♦ :	jour 4 ♥ :
jour 5 ♠ :	jour 5 ♦ :
jour 6 ♥ :	jour 6 ♠ :
jour 7 : repos	jour 7 : repos

Semaine 9 / Semaine 10

jour 1 ♥ :

jour 2 : repos

jour 3 ♦ :

jour 4 ♠ :

jour 5 ♥ :

jour 6 ♦ :

jour 7 : repos

jour 1 ♠ :

jour 2 : repos

jour 3 ♥ :

jour 4 ♦ :

jour 5 ♠ :

jour 6 ♥ :

jour 7 : repos

Semaine 11 / Semaine 12

Semaine 11

jour 1 ♦ :

jour 2 : repos

jour 3 ♠ :

jour 4 ♥ :

jour 5 ♦ :

jour 6 ♠ :

jour 7 : repos

Semaine 12

jour 1 ♥ :

jour 2 : repos

jour 3 ♦ :

jour 4 ♠ :

jour 5 ♥ :

jour 6 ♦ :

jour 7 : repos

Maintenant, vous avez les cartes en mains pour réussir votre Luc Léger et vos tractions ! Pour progresser aux squats, je vous conseille de faire 2 séries de 60 squats (en plusieurs fois, s'il faut, au début de votre préparation par exemple) à chaque fin de séance. Ainsi, à chaque fois que vous vous entrainerez, vous ferez :

- Une partie pour progresser au Luc Léger,
- Une partie pour progresser aux tractions,
- Une partie pour progresser aux squats.

De ce fait, à chaque séance de votre préparation pour le recrutement au CSO, vous serez au plus proche des conditions du recrutement.

Une fois votre recrutement CSO passé, vous allez pouvoir passer à la deuxième phase de votre préparation physique : ***la préparation pour les épreuves complémentaires !***

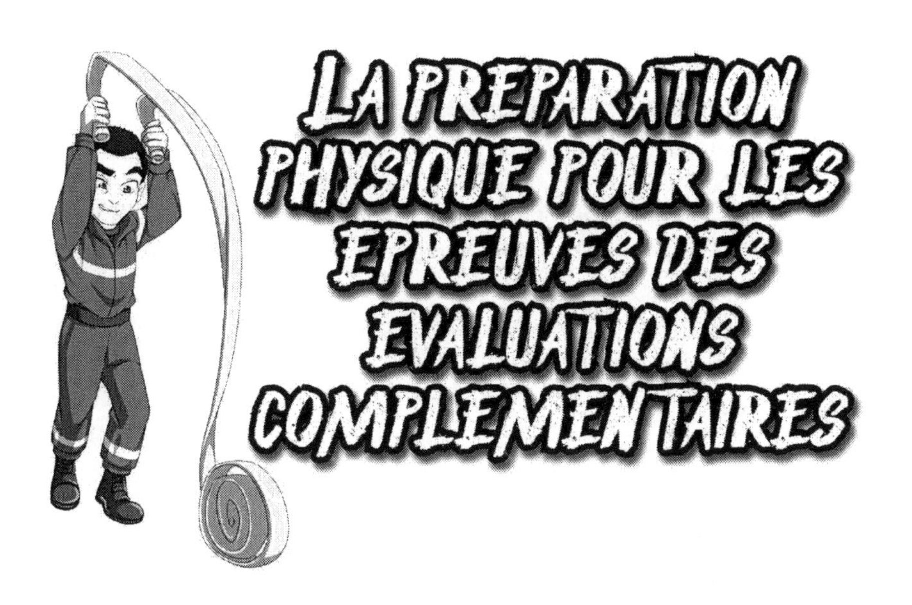

Au début de cet ouvrage, je vous ai parlé d'une formation que j'ai créé avec des cours en ligne pour connaitre la BSPP sur le bout des doigts. Lors des évaluations complémentaires, les évaluateurs vont, en plus des tests physiques, évaluer vos connaissances sur la BSPP (au CSO également, voilà pourquoi, il est préférable d'apprendre le fonctionnement de l'institution le plus tôt possible).
Ce qu'il faut connaitre, c'est tout le contenu qu'il y a sur le site *pompierdeparis.fr*.
Les cours que j'ai réalisé, sont synthétisés. De manière que ça soit plus digeste et à travers mon expérience, je vous donne quelques conseils sur ce qu'il faut retenir. De plus, dans cette formation je partage avec vous les questions qui tombent régulièrement. Vous aurez également accès au groupe privé qui complète bien la formation car chacun y partage son expérience du recrutement à la BSPP.
Dans cette formation, il y a également un programme sportif. Tiré de la Méthode Guyard, mon programme

d'entrainement.
Ce programme vous aidera à avoir le niveau physique pour le parcours sapeur-pompier et la natation ! Je vous invite également à continuer votre préparation concernant les tractions car je vous le rappelle : vous aurez également un maximum de tractions à réaliser. Ce programme est à suivre sur 8 semaines avec entre 4 et 8 entrainements par semaine !
Vous pourrez répéter ce programme autant de fois que vous pourrez en fonction du temps que vous aurez entre le recrutement au CSO et les évaluations complémentaires.
Dans les pages qui vont suivre vous pourrez noter vos résultats à ces entrainements.

OBJECTIF BSPP

Rejoins-Nous !

Organisez votre semaine comme vous le souhaitez.

Semaine 1 / Semaine 2

Jour 1 : nb de tractions max :	nb de tractions max x2 :
Jour 2 : session natation :	session natation :
Jour 3 : Piraud Workout :	Tessier Workout :
Jour 4 : session natation :	session natation :

Semaine 3 / Semaine 4

Jour 1 : nb de tractions max x2 :	nb de tractions max x3 :
Jour 2 : session natation :	session natation :
Jour 3 : Liteau Workout :	Magro Workout :
Jour 4 : session natation :	session natation :

Semaine 5 / Semaine 6

Semaine 5	Semaine 6
Jour 1 : nb de tractions max x3 :	nb de tractions max x3 :
Jour 2 : session natation :	session natation :
Jour 3 : Briche Workout :	Legal Workout :
Jour 4 : session natation :	session natation :

Semaine 7 / Semaine 8

Semaine 7	Semaine 8
Jour 1 : nb de tractions max x 4 :	nb de tractions max x 4 :
Jour 2 : session natation :	session natation :
Jour 3 : Lombard Workout :	Bocard Workout :
Jour 4 : session natation :	session natation :

PRÉPARATION AU PARCOURS SAPEUR-POMPIER

Antoine un de mes élèves a réalisé un parcours sapeur-pompier dans son jardin avec une poubelle et des parpaings ! J'ai trouvé l'idée géniale et je voulais vous le partager ici pour que vous puissiez de temps en temps, en plus des entraînements que je vous propose, vous tester à ce parcours que vous pourrez facilement réaliser avec un peu d'imagination..

📽 La vidéo de son entraînement est sur le groupe Facebook de la formation. ☞ N'hésitez pas également à y poster vos séances et vos astuces !

Voici le parcours d'Antoine ! Qui a su s'adapter avec ce qu'il avait sous la main… C'est aussi ça l'esprit FireArmy !

Bonjour et bonne année à tout le monde !

Je me permets de repartager une vidéo d'un de mes entraînements. J'ai créé un parcours dans mon jardin afin de pouvoir s'entraîner à l'épreuve du parcours pompier de la BSPP (ou également à travailler le cardio et tous les muscles du corps). Il s'agit donc d'un enchaînement d'exercices inspirés du réel parcours avec le matériel que j'ai à disposition.

Le but dans mon cas est de réaliser le parcours plusieurs fois en augmentant le lest du sac à dos (1er tour à vide, 2e à 10kg et 3e à 16kg par exemple), donc il faut réussir à gérer son effort et se laisser assez de repos entre les tours. N'hésitez pas à me donner votre avis !

Super idée!!!!
Et excellente motivation!!
Continue à t'entrainer comme ça, ça va payer!
Ton parcours est top!
Voici quelques idées d'ajustements :
- Commencer par 20 burpees pour monter le cardio ou 20 squats sautés pour faire mal aux cuisses.
- De tracter la poubelle en marche arrière (c'est en marche arrière que tu tracteras le pneu).
- De vraiment tout faire en sprint car c'est ça qui fait mal (donc n'utilise pas forcément ta montée de jardin, des allers-retours sur 10 m te feront bien travailler les cuisses et les changements de rythmes.
- De faire des squats sautés, ça te tabessera plus les cuisses et le cardio.
- Et essaye de finir par un sprint plutôt que sur des pompes.
Le parcours SP, c'est 33% dans les cuisses, 33% dans le cardio, 34% dans le mental!

J'aime · Répondr

Antoine
merci pour tes retours et tes suggestions ! Oui effectivement la manière dont je l'ai fait ne correspond pas au parcours BSPP car je n'ai pas sprinté pour pouvoir le faire plusieurs fois ! Après les exercices que tu as proposés sont vraiment bien, comme les burpees par exemple ! Pour la poubelle, c'est censé simuler le dévidoir et le pneu tracté sont les parpaings juste avant les tractions comme je n'ai pas encore passé les tests CSO (qui se feront bientôt) je resterai sur cette façon de faire, et des que je passerai les agréments techniques je ferai à la manière que tu expliques

TIRAGE DE CHARGE
2 DISQUES DE 10KG
5 SQUATS
4 ALLERS-RETOURS
MONTÉES DE MARCHES
TIRAGE CORDE + POIDS
TIRAGE DE POIDS
5 TRACTIONS
5 POMPES

ENCORE UNE CHOSE...

Maintenant, vous avez toutes les cartes en main pour bien préparer votre recrutement à la BSPP et le réussir haut la main, j'en suis convaincu !
N'oubliez pas que vous voulez devenir pompier de Paris et donc durant tout votre parcours de recrutement, soyez ponctuel et respectez les consignes et les autres. Ne portez pas de jugement sur les autres candidats. Aussi, soyez prêt à aider vos camarades ! Il n'y a pas de concurrence et il faudra vous montrer solidaire avec les autres. Devenir pompier c'est un état d'esprit... Et c'est cet état d'esprit que je veux vous enseigner.
Donnez tout ce que vous avez durant ce recrutement. C'est le moment de montrer au monde ce que vous valez vraiment. C'est le moment de démontrer aux recruteurs ce que vous avez au plus profond de vos trippes. C'est votre moment donc donnez tout, vraiment tout ce que vous avez ! Soyez déterminé, imbattable, soyez féroce quand vous serez au milieu du Luc Léger, devenez agile comme un loup sur le parcours sapeur-pompier, un ours durant les tractions : défoncez cette foutue barre... Transformez-vous en animal et dépassez vos limites... C'est vous qu'ils sont venu recruter ! C'est vous qu'ils veulent dans leurs rangs !

J'ai voulu que ce livre soit court et concis, mais une

chose est sûre, c'est qu'il regorge de tous mes conseils et de toute mon expérience. Voilà plusieurs années que j'aide les gens à intégrer la BSPP et grâce à mes différents programmes, j'ai aidé plus de 300 personnes à atteindre leurs objectifs !
Ce livre, c'est des années de recherche, de discussions, de mise en pratique. Désormais, c'est à vous de jouer et je suis fier d'avoir contribué à votre préparation. Mais votre chemin ne fait que commencer. Le recrutement n'est que le début de la plus grande aventure de votre vie. Et je serais là pour vous guider en cas de besoin. Comme je l'ai fait avec ce livre.

J'ai vraiment envie de savoir vos résultats du recrutement ! N'hésitez surtout pas à m'envoyer un email ici : vincentfirelife@gmail.com ou sur *Instagram :* @po3sy en me disant ce que ce livre vous a apporté. Si vous pouviez m'envoyer une belle photo de ce livre ça serait super ! Aussi, j'aimerais que vous laissiez une note à ce livre sur *Amazon*. C'est important pour moi afin que je puisse l'améliorer grâce à vous (vos retours par email sont également les bienvenus). Merci pour votre aide, j'en ai besoin pour aider d'autres personnes comme vous. Aussi, vous pouvez offrir ce livre à vos ami(e)s qui veulent s'engager à la BSPP. Je suis persuadé qu'il va les aider. Et ils pourront vous dire merci !
Si vous faites parti de mes élèves en suivant ma formation : réussir le recrutement BSPP, je vous invite vivement à vous présenter dans le groupe privé et à partager votre expérience du recrutement comme les précédents élèves. Votre retour d'expérience est très important et il va également contribuer à la réussite des prochains élèves.
Je reste à votre disposition si vous avez des questions et merci mille fois pour votre confiance.
La BSPP a été la meilleure chose que j'ai faite dans ma vie. J'y ai rencontré des gens incroyables, vécu des situations extraordinaires, et surtout j'y ai rencontré mon

vrai Moi. Je me suis trouvé à travers cet engagement. Tous ces moments fraternels que j'ai pu vivre dans l'uniforme des pompiers de Paris m'ont fait grandir et ont fait de moi ce que je suis aujourd'hui. Ça n'a pas été facile pour y arriver, loin de là. Mais je n'ai rien lâché. Je me suis accroché à mon rêve.

Et je ne parle pas de l'opérationnel. J'ai fait des feux incroyables, été sur des accidents de voitures de grandes ampleurs, côtoyé la mort à plusieurs reprises, réalisé un sauvetage sur feu, réalisé des massages cardiaques en tenue de feu, sur incendie... Je suis certain que vous aurez une carrière aussi riche que ce petit bout de carrière que je suis si fier d'avoir réalisé ! Vous allez aider des gens et il n'y a rien de plus beau. Rien de plus noble.

Alors, quand vous serez dans votre lit, durant votre instruction, quand le doute va venir vous assaillir, pensez à ce pourquoi vous le faite : Pour les autres. Vous allez aider des dizaines, des centaines de personnes durant votre carrière. Qu'elle soit longue ou courte. Vous serez l'espoir des gens que vous allez croiser. Alors, si un jour vous pensez abandonner pensez à ça... Pensez aux autres. Pensez à ceux qui ont besoin de vous. Cela doit être votre moteur. Ça a été le mien durant toutes ces années et ça l'ai encore. Il n'y a rien de plus beau que ce que vous vous apprêtez à faire donc : ne lâchez rien ! Ça en vaut la peine. Et pour ça, je suis fier de vous. Fier de votre philosophie, fier de votre choix de vie !

Maintenant, je vous laisse avec toutes les vidéos que j'ai

réalisés sur la BSPP. J'y partage toute mon expérience de pompier de Paris. N'hésitez pas à prendre quelques notes sur les pages qui suivront. Pour ma part, je pense réaliser un ouvrage sur l'instruction…
J'espère un jour vous rencontrer.

À très vite

Vincent FireLife

LES COMPAGNIES A LA BSPP

CARTE A REMPLIR

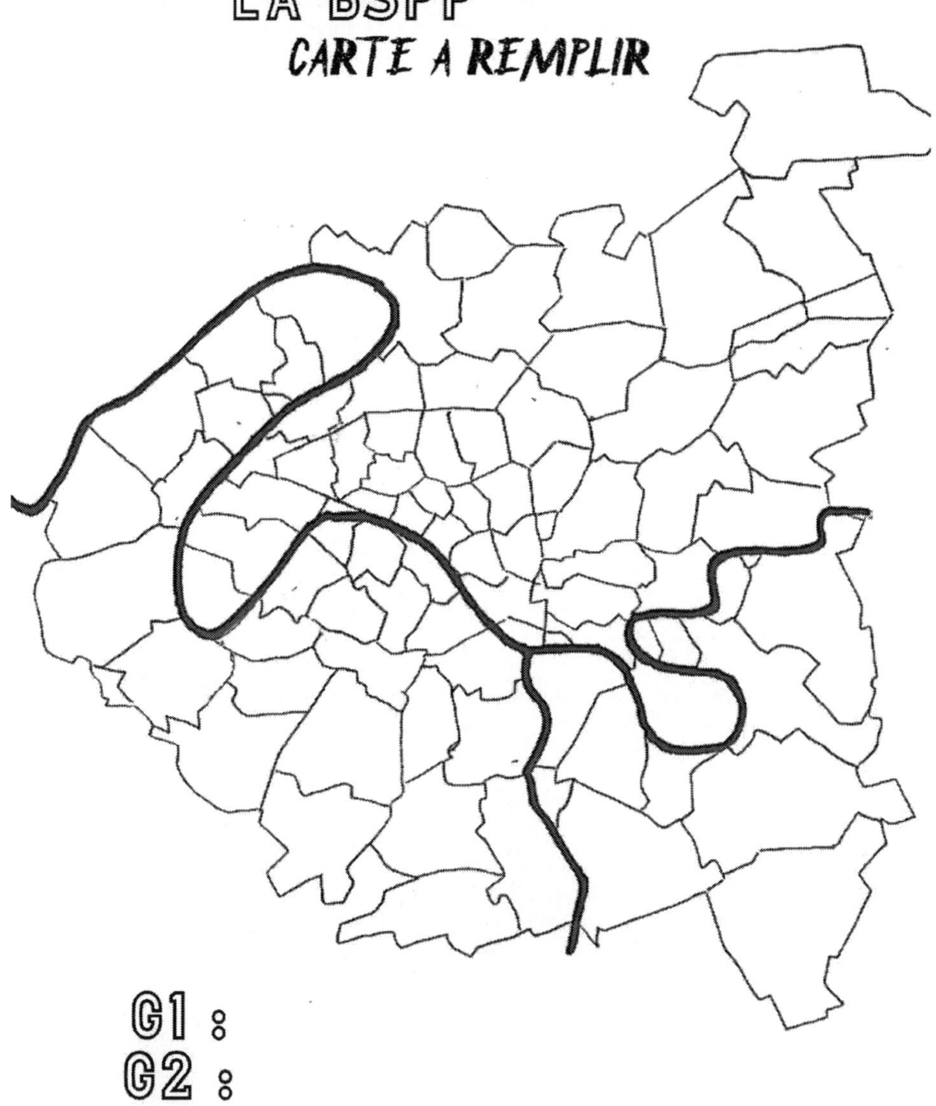

G1 :

G2 :

G3 :

MES NOTES

SUR LA BSPP

MES NOTES

SUR LA BSPP

MES NOTES

SUR LA BSPP

MES NOTES
SUR LA BSPP

MES NOTES

SUR LA BSPP

MES NOTES
SUR LA BSPP

MES NOTES
SUR LA BSPP

MES NOTES

SUR LA BSPP

MES NOTES
SUR LA BSPP

Merci à Emilia Mesellaty pour la correction de ce livre et merci à la FireFamily qui me soutien depuis toutes ces années. Enjoy !

Printed in France by Amazon
Brétigny-sur-Orge, FR